은하수 강가에 앉아

| 문장시인선 031 | 서석철 시집

은하수 강가에 앉아

인쇄 | 2025년 4월 10일
발행 | 2025년 4월 15일

글쓴이 | 서석철
펴낸이 | 장호병
펴낸곳 | 북랜드
 04556 서울 중구 퇴계로41가길 11-6, JHS빌딩 501호
 41965 대구 중구 명륜로12길 64(남산동)
 대표전화 (02)732-4574, (053)252-9114
 팩시밀리 (02)734-4574, (053)252-9334
 등록일 | 1999년 11월 11일
 등록번호 | 제13-615호
 홈페이지 | www.bookland.co.kr
 이-메일 | bookland@hanmail.net

책임편집 | 김인옥
기   획 | 전은경
교   열 | 서정랑

ⓒ 서석철, 2025, Printed in Korea
저자와의 협의하에 인지를 생략합니다.

ISBN 979-11-7155-114-9 03810
ISBN 979-11-7155-115-6 05810 (e-book)

값 10,000원

문장시인선 31
은하수 강가에 앉아

서석철 시집

북랜드

시인의 말

문득
고독과 대면하며 한세월 살다 보니
지나온 세월이 무상타 여겨진다.

삶이 버겁고 초라하게 느껴질 때
내 안의 결핍을 다독이며 잠시나마
지구의 생명체로 존재한 사실을 우주로 송출하듯
하루를 풀어놓은 일기처럼 무디게 기록해 보았다.

힘없이 무너져 내리는 허망한 날의 오감을
띄엄띄엄 상형문자로 새겼다.

미천한 시력으로 세상에
또 말을 보태어 부담을 주고 싶지 않아서.

2025년 새봄
묵헌 서석철

차례

• 시인의 말

1 텃밭에 민들레처럼 눌러앉아

어느 퇴직자의 텃밭 수업 … 14
밭둑 농사 … 16
들깨를 심다 … 17
농부는 밭을 탓했다 … 18
들깨 농사 … 20
마늘을 심다 … 21
도화유수 묘연거 … 22
고추 심고 토마토 심고 … 24
파를 심으며 … 25
書藝 入門 … 26
파 모종 … 27
여름의 꼬리 … 28
입동 호박 … 30
보름 … 31

찔레꽃 향기 … 32
삼월의 꽃밭 … 34
뻐꾸기 소리 … 35
뻐꾸기를 보내며 … 36
여름의 끝물 … 38
내 귀는 팔랑귀 … 39
오월의 텃밭 … 40
그렇게 살았었지 … 41
습지 … 42
참꽃 저 홀로 붉은 … 43
상강霜降 … 44
부지깽이 … 45
나으리꽃 … 46

2 안으로 삭인 심중은 저릿하다

기우는 계절에 … 48
비 내리는 11월 … 49
적막 … 50
갈대처럼 … 51
시래기 한 덩이 … 52
간다, 봐라 … 53
구월을 보내며 그대에게 … 54
달의 뒷면 … 55
오금이 저린다 … 56
홍매화 血氣 … 57
고요히 남풍 일어 … 58
유월 초하루 … 59
반가사유 … 60
부둥켜안다 … 61
라일락 봄밤 … 62
매화 꽃눈 … 64

꽃잎의 근원 … 65
건너가기 … 66
초가삼간 … 67
아버지의 지게 … 68
절반의 꽃 … 70
저 홀로 꽃이다 … 71
이 뭣꼬 … 72
무인카페 … 73
거미줄 … 74
큰누님 … 76
낙화 … 77
크리스마스의 추억 … 78
붓꽃 … 80
소실점消失點 … 81
아주 오래된 찻잔의 파편 … 82

3 윤슬의 풀밭에 몸을 비벼

월악산 미륵사지 … 84
천년의 편지 … 85
청산도 … 86
安興城 서산댁 … 87
월남 땅 바나힐 … 88
화도花島 … 89
코로나19·1 … 90
코로나19·2 … 91
선유도 … 92
수덕여관 … 93
섬바디 … 94
길 … 95
마른 소ㄷㅜㅇ서ㅂ … 96
2월의 서귀포 … 97
제주올레 … 98
가파도 … 100
도솔산 동백꽃 … 101
몽고반점을 찾아서 … 102

남사 예담촌 … 103
내성천 사금파리 … 104
오름 … 106
다랑논 원양제전 … 107
茶馬古道 2024 … 108
설 전날 광희문 성곽을 따라 돌며 … 110
無等의 산 … 112
단지봉 … 113
지붕 없는 미술관 연홍도 … 114
황금시장 … 115
관매도 … 116
대서양 … 117
자작나무 숲길 … 118
금준미주는 붕우의 淚 … 119
부여 정림사지 오층석탑 … 120

| 해설 | 새로운 삶의 질서를 가능케 해준 근원적 마음의 힘
유성호 … 121

1
텃밭에 민들레처럼 눌러앉아

어느 퇴직자의 텃밭 수업

　면벽의 공간에서 궤도를 벗어나지 못한 한세월
　인형 뽑기 같은 단어들의 선택으로 생산된 문서들은 바람에 날려갔다
　먼 훗날 공룡 발자국에 짓눌린 다라니경이 되어
　어느 폐사 터에서 발굴될지도 모를 일이다
　스트레스로 부식된 퇴적물들이 쌓여
　여기저기 화학적 변화로 녹물이 번지는 침식 현상이 나타날 때쯤
　드디어 도착한 출구를 걸어 나오니
　곧바로 바이러스 계엄군들이 사방으로 길을 막았기에
　꿈꾸던 오천축국 땅은 밟지도 못해보고
　그만 울타리 없는 밭둑에 주저앉아 멀미 나는 마음을 뉘고 말았다
　고승의 마른 지팡이가 뿌리를 내려 노거수가 되었듯
　봄에 심은 두세 포기 정구지는 소보로빵 같은 그루터기를 만들고
　들깨 한 알은 수나라 병사만큼 대군이 되었고
　칠월에 심은 실파는 지공을 내면 퉁소가 되었다

봄, 여름, 가을의 이야기가 담긴 책 한 권을 읽고 나니
첫얼음이 얼었다 종강이다

밭둑 농사

작년 농사는
들깨 한 되
풋고추 한 바가지
정구지 열 단
들밥 먹고 함께 자란 식구들이다
함께 있으면 조촐할 것 같아도
풀어놓으면 수만 명 풀뿌리 가족

마디 불거진 열 손가락 사이로
흩어지는 깨알들
늦둥이 아기 고추 오밀조밀 달아놓고
소똥 같은 부추 포기 속
엉겨 붙은 식구 수를 셀 수나 있으려나
여름에 세 들어 사는 고약한 밭 모기까지

사는 동안 편안히 살다 가야지
꽃으로 울타리 만드는 저절로 밭둑 농사
홍매화 청매실 산수유 봄까치꽃
함박꽃 피는 날이면 막걸리 한 동이

들깨를 심다

가는 풋대로
첫발을 딛는다
비척비척 일어서는
송아지 첫걸음 같아도
물 한 모금이면
내일이면 곧추선다

여름밤 풀벌레 소리로
얼개를 엮어
불사른 돼지를 감싸줄
푸른 비단을 짜고

왜란과 호란을 지나
상잔의 역사에도
한 톨의 씨앗, 흙에 묻혀
조선의 백성처럼 죽지 않고 살아온
그래서 들깨
불로의 성분은 오메가쓰리

농부는 밭을 탓했다

수확에 눈이 멀어 서둘러 감나무를 심었더니
점토질 땅에 뿌리를 내리지 못하고
목숨만 유지한 지 십 년
고난의 세월에 밭을 탓하며 핑계로 삼았다
한여름 시든 잎을 마주하면 갈증이 났다
풀이 무성해지는 밭을 헤집고 정구지를 심고
상추를 심어 산으로 가는 길을 막았지만

어느 해 마늘 한 접 심고 뽑히지를 않아
곡괭이로 문화재처럼 출토했다
매년 열 포기 정도 심었던 청양고추처럼
독하게 혼자 버티고 살아야 했던 친구들
옛사람같이 밤잠 아니 자고 땅을 갈고 일궜다면
팥고물처럼 땅심 깊은 흙이 되어
뿌리내리는 길이 수월하여 포시럽게 묻혔을 텐데

결국 딴딴한 토층 위로 부드러운 흙을 받았다
흙을 지고 와서 쏟아붓고 두꺼운 솜이불처럼 덮었다

이제, 부슬부슬한 흙을 품었으니
도롱뇽, 메뚜기, 방아깨비, 풀여치도 돌아오리라

들깨 농사

야성으로 돌아간 들개처럼
뜨거운 여름 물 한 모금 없이도
잘 살아 낸다는 들깨를 심었더니
봄부터 들깨 농사 소문이 났네
서 말 정도 떨겠냐고 묻기에
내심 한 말은 될 것이라고 기대했지

씨방 속에 숨어서 가을을 염탐할 때
늦은 태풍 두어 개 지나가고
풍성하던 육신을 눕혀 한 이틀 햇살에 살라
들깨 향 짙은 바삭해진 몸을 두드리니
토성에서 바라본 지구 같은 우주들이
삼억 개의 정자처럼 쏟아져 내린다

알곡에 섞여 있는 쭉정이까지 서 되
분별심을 버리라 했거늘
결핍의 공간에 욕망을 채우지 아니한 속 빈 들깨를
바람에 날려주고 물에 띄워 구별하니 두 되
세상에 꺼둘리지 않고 속없이 살아온 쭉정이 한 되

마늘을 심다

마늘 두 접 심었다
가을바람이 서늘하여
숨어있는 쓸쓸함 한 가닥에
다가올 찬바람을 감지한다

땅속 깊은 곳으로 뿌리를 내리며
엄동 추위에도 생명을 거머쥐고
봄까지 이어 달리는 한겨울의 전사

심은 지 일주일 만에
진시황이 묻어 놓은 병마용 군단처럼
동장군 대적할 대오 정렬 늠름하게
창을 들고 땅속에서 솟아오른다

시월 저무는 햇살에 기운을 잃다가
저 뾰족한 녹청의 신침에 혈이 뚫려
섭섭한 계절에 마음 데워주는 위로받기에
바라보다 내 몸으로 그늘 지운 곳
얼른 비켜서며 가린 볕을 내어준다

도화유수 묘연거

비 오기 전에
채소 심을 이랑을 만들려니
기온은 가파르게 올라
농사일하기도 전에
물가를 벗어난 개구리처럼
울대를 발랑거리며 할딱거린다

집사람 처방 약으로 주문받은
케일
비트
브로콜리를 심고 나니
전화가 울린다

밭둑에 있는 두릅 엄나무순이
벌써 손가락만큼 자랐다며
무쳐 놓을 테니
지나는 길에 막걸리 한잔하고 가란다
그러잖아도 목마를 때면
중간 급유하러 자주 들르지만

때맞춰 불러주니 고맙지그려

양지바른 곳에
제비집 짓고 살아가는
심성 좋은 흥부 같은 동무
전 부쳐 들고나오는 흥부 부인의
봄 햇살 머금은 모습이
복사꽃처럼 밝은 나절
도화유수 묘연거하니
별유천지 비인간이로세

고추 심고 토마토 심고

"땡추 모종 가져갈랑가?"
여섯 포기 얻어서
둘이 마당에 앉아 커피 한 잔
흥부네 부인
어제 쑥떡을 했다며 또 한 접시
봄의 허리를 둘둘 말아
쑥 향기 물씬 난다

고추 심고
토마토 심고
오늘 밤 비 온다네

내일은
낙숫물 소리나 들으며
빗물에 젖어 볼까
막걸리에 젖어 볼까
둘 다 좋을 것 같은
푸근한 봄날이다

파를 심으며

가느다란 실파의 몸속에
바람을 넣는다
칠월 뜨거운 열기와
이랑에 떨군 땀방울 담아
원기둥을 세워본다

가을 하늘에 뾰족한 잎으로 중봉을 만들어
파 심던 여름날을 추억한다면
긴 것 같은 인생도 바람 빠지면 空
녹야장춘 꽃밭에
벌 나비 날갯짓 같은 瞬間이라
그냥 파, 라고 짧게 쓰고 말 듯하다

분꽃 피는 한여름
파처럼
바람 좀 넣고 살면 좋겠다
바람 좀 들면 좋겠다
인생은 원점으로 돌아가는 도로아미타불

書藝 入門

붓끝이 지나간 먹물 머금은 자리
창 넘어온 겨울 햇살이 함께 스민다
대로를 지나 소로로 접어든 지금
묵향 묻은 첫걸음 역입으로 한 발 놓고
긋다가 절하고 굳히며 가다 보면 思無邪란다

두서없이 걸어온 짧은 여정
아스팔트 위에 남겨진 자취 없는 흔적
다시금 바위에 글을 새겨 본들 무엇하랴
백설 도화에 가벼이 붓길 따라 걷다 보면
흐르는 물처럼 덧없는 인생
空山無人에 水流花開로다

파 모종

7월 초엔 엄동설한까지 살아가는
파 모종하는 달
심고 남은 파 모종이 있다는 시인님
하얀 맨발에 이른 아침을 묻혀온
푸른 기운 감도는 파 모종 한 단

미당이 끊어준 서울행 기차표를 마다하고
텃밭에 민들레처럼 눌러앉아
허공에 자막처럼 흐르는 구름의 뜻을 읽고
은기리 산벚꽃 바람난 꽃들을 주워 담은
15권의 시집은 삼라만상 생물의 역사처럼
푸른 하늘 행간에 찍은 민들레 방점이다

흙 속으로 파 뿌리처럼 뿌리를 길게 내려
척박한 삶의 근원을 살펴보라는 화두인가
여름날 설레발치며 웃자라는 식물들처럼
얼굴만 내밀지 말고 낮은 곳으로 향하는
심지를 깊게 박으라는 말씀인가
소금 간 하지 않고 조미료 섞지 않은
詩 한 단 놓고 가셨네

여름의 꼬리

염천 하늘에 머리를 흔들며
혈식을 하며 사는 것처럼 드세던 여름이 비구름에 몸통을 감추고
비꼬리를 끌며 느직느직 지나간다
그사이 두어 번 하혈하던 날도 진득하니 쉬지를 않고
변덕스럽게 구름을 젖히는 바람에
길섶을 기어 나온 지렁이는 사막여우를 만난 듯 개미와 사투를 벌인다
홀랑홀랑 웃통을 벗고 웅덩이를 들락거리던 날엔 없었던 일이다
소나기 지나간 길에 물씬거리던 흙냄새가
어린 몸속에 무형의 문자로 기록되던 그런 날엔 몰랐던 일이다
끓어오르는 화를 달래기 위해 들이붓던 성에 낀 술은
끈적거리는 늦은 침상의 후회로 남는다
마당에 모깃불 번지면 멍석 깔고
식구들이 옹기종기 은하수 강가에 앉아
엄마가 일렁여 주던 댓살부채 바람에 별들이 떨어져 내리는

여름밤의 진수성찬인 긴꼬리 유성 같은 별똥별을 주워 먹었다
　한세상 지나가는 바람처럼 수없이 떠나간 사람들이 머물렀던 자리에
　가을이 또 온다

입동 호박

아직 덜 채색된 호박을 거두다가
며칠 더 햇볕을 쬐도록 해야 할까
당장 동해라도 입을 추운 밤이 오면 어쩌나
멈칫 망설여지는 가을빛의 상념이다
누런 호박 살은 부드럽고 달아서
그리움 저미는 옛날을 불러오고

청바지 입은 청춘처럼 철모르게
젊어 보이고 싶은 초로의 인생처럼
시류에 따라 변하는 팔색조 천지에
청죽의 절개도 아닌 것이
입동에도 푸른 것이

두루뭉술한 처세로
세상의 눈금자를 흐린 자들에게
용서의 그늘을 만들어 주며
똬리를 틀고 버텨보는
여전히 푸른 입동 호박

보름

귀밝이술 앞당겨 홀로 마시고
보름날 아침에 늦잠을 잤더니
새벽잠 깨워 부스럼 깨물라던
엄마는 안 보이고 찰밥에 보름나물만
제사상처럼 차려져 있다

지신 밟던 풍악 소리 사라지고
아홉 그릇 밥을 먹고
아홉 짐 나무를 한다는 말이
주술처럼 맴도는데
해콩으로 두부 해 먹자는 동무가 있어
스러진 옛날을 불러온다

깡통 돌리며 놀던 그 밤처럼
보름달은 솟았는데
한 치 앞을 모르고 사는 눈먼 세상
이태백 없는 대보름달만
허공에 걸렸다

찔레꽃 향기

찔레꽃 피네
뻐꾸기 우네
논물 잡아 놓으니
천지에 개구리 울어대는
오월의 밤

빨랫줄 같은 못줄 위로
너울너울 넘어가던
마을 사람들 다 어디 가고
첨벙첨벙 써레질하던 누렁소 대신
이앙기가 상머슴일세

자, 자,
어여 어여
이랴 이랴
한가락 추임새도 없이
기계 소리에 밟혀
무논 속으로 사라졌다

〉
학교 마치고 못밥 먹으러 오라던
엄마 목소리
박 바가지에 담겨 떠내려가고
찔레꽃 향기에 가물가물 매달려 가네

삼월의 꽃밭

점순이 고년이 아직도 키가 안 크네
농사꾼 부려 먹을 심보로 데릴사위 삼아
점순이 서방 삼아주겠단 언약
봄 밭에 펼쳐놓는 봄봄이다

가을에 심은 삼동초
봄나물 해 먹으려고 겨우내 기다렸다
봄까치꽃 자욱하고 광대나물 다닥다닥
봄바람 난 게 틀림없는데

나풀나풀 잎을 달고
낭창낭창 자라주길 바랐더니
한 뼘 키 장다리 올려놓고 말똥하니 꽃을 피웠네
조숙한 여자애처럼 오뚝하게 서서 세상의 꽃이라며 당당하니
뭐라고 말도 못 하고
바라만 보고 돌아서는 삼월의 꽃밭

뻐꾸기 소리

살면서 웬만큼 말들을 쏟아내어 비워진 허심한 곳
유월 산기슭에서 들려오는 뻐꾸기 소리에 공진한다
가고 가는 노정, 한철 들었던 소리에 크게 반응하는 것은
아마도 전생에 개와 닭 울음소리 들리는 보릿고개 넘어
뻐꾸기 둥지 옆이 내 살던 곳이 아닐까 한다

도시의 그늘이 짙어질수록 깊이 진동하는 것은
철없던 시절에 뛰놀던
앞 냇가 금모래 여울을 거슬러 오르는 은어들처럼
초록의 비린내가 물씬거리는
그 봄에서 이 봄까지
길고 먼 여운이 흐르고 있기 때문인가

뻐꾸기를 보내며

오월 텃밭에 뻐꾸기 운다
여기 텃밭지기로 올 때만 해도
앞뒤엔 산과 논밭 사이
외딴집 하나뿐이라서
그 정도야 이웃으로 삼을 만했던지
찔레꽃 지는 모심을 철이면
농사일 재촉하듯
괘종시계 뻐꾸기처럼 자주 울더니

한자리 두자리 집들이 들어설 때마다
전설을 구술하는 마지막 인디언처럼
가끔 희미하게 들리던 소리
마지막 남은 무논 두어 자리마저 흙을 메워
비닐로 봉쇄한 이번 봄
이별을 고하듯 들려오는
우주 박동의 소리

조만간 끊어질 소식

혼자 울어 애달픈 울음에
답해주고 싶다
지난날을 이야기하던
고향 같은 소리였다고, 뻐꾹

여름의 끝물

흥하면 쇠하는 법
올여름도 끝물임을 느낍니다
분꽃이 저렇게 예쁠 줄이야
분이라는 여자애를 분꽃처럼 좋아했다는
동무가 은근히 부럽습니다

호박잎에 가려 안 보이던 호박이
바가지만큼 컸습니다
왕성하던 정자를 대신하려
가을에 먹는 채소 씨앗을 사며 가을을 그려 봅니다

순정이 넘치던 그해 여름을 생각하며
콜라비
강화 순무
시금치
상추
열무 씨앗을 뿌립니다

내 귀는 팔랑귀

매년 고구마 심을 철이면
종묘상 앞에는 갖가지 모종들이 가게 앞 인도를 점령한다

오렌지 파프리카 다섯 포기에
묻지도 않은 차조기 효능을 친절하게 설명하는 아주머니 때문에
모종이 시원찮아 보였지만 금방 팔랑귀가 되어 가짓수가 늘어난다

"쪄 먹는 옥수수는 스무 포기에 이천 원요."
"주세요."
"생으로 먹는 것도 있어요,
 우리 애들은 그것만 먹어요."
"그런 것도 있습니까?"
"주세요."

푸른종묘사 아주머니
흥정 끝난 옥수수 모종을 꺼멍 봉지에 넣어주며 당부 말씀 한마디
"생과 옥수수는요~
 젊을 때 따 먹어야 맛있어요."

오월의 텃밭

청춘의 고개를 넘어오며

낭만을 탕진한 남자
빈 수레를 끌고
몸만 먼저 내려왔다
그리움을 두고 왔는지
문득문득 풍겨오는 라일락 향기에
잡힐 듯 잡히지 않는
애타던 사랑의 시절이 어린다

젊음을 소진한 남자
오래전 추억을 싣고 달려온 기차가
옛날 역에 도착하여
덜커덩 뒤로 한 발짝 당겨질 때
기우뚱 멀미 나던 그 시절처럼
사랑이 저물어 가는 가슴에
라일락 향기, 아릿함을 끌어안는다

그렇게 살았었지

이삭에 오밀조밀 붙은
낱알처럼
엄마의 그늘에 매달려
살았었지

따스한 손길은 어디든 닿아
평화로운 지상의 낙원
목소리만 들어도
담장 밑 채송화처럼 빤짝이며
삼복더위에도 생기 돌던 여름

서숙에 박힌 좁쌀처럼
바람 불어 일렁거려도
흔들리며 살았었지
그 여름 푸르게 살았었지

습지

무논에 첨벙
마른 정강이를 묻고
모 심던 여름

구부렸던 허리
펴 볼 새 없던
해거름,
흙 묻은 맨발 헹궈
미끄덩 고무신 신고
어디를 가셨나요

떠내려와 쌓인
부식된 세월 위로
아부지 등걸 같은
갈대의 지평

무른 자리에 발을 디뎌
멀리 지나온 길 돌아보며
붉은 노을을 묻혀
가슴에 찍는 두루미 낙관

참꽃 저 홀로 붉은

벚꽃 만발 봄날에
삼동초 나물이 좋다며
점심이나 먹자고 해서
햇나물 겉절이로 한 양푼 비벼 먹고
참꽃 저 홀로 붉은 산길을 걸어봅니다

벌겋게 단 불씨를 가까이하고도
불이 옮겨붙질 않으니
어느 세월에 헐값에 내다 버린 청춘
심지를 다 태워버렸는지
호롱에 기름이 떨어졌는지

등잔불 아래 불장난하던
버들가지 물오르던 시절이
그리운 봄날입니다

상강霜降

마른 몸으로 버티던 수수깡은
싸늘한 바람에 허리를 꺾고
지난밤 서리 맞은 호박잎도
한순간에 숨을 거둬 축 늘어졌다

기울어진 햇살에
내 그림자는 죽지도 않고
길게 몸을 눕히며
무럭무럭 늙어간다

부지깽이

서리가 내리기 전에
텃밭에 심어 놓은 불로의 아기 고추
두어 박재기 따서 고추부각을 만든다
절차가 복잡하지만 나는 조수 역할
솥을 걸어놓고 물을 끓이는 화부

나무막대기를 만들어 아궁이를 들락날락
나뭇가지를 거둬 넣으며 성불[成火]을 기원한다
뚜껑이 달그락거리며 김을 폴폴 뿜어내면
가을 남자는 뜨거움을 발산하는 몸통이 부럽다

농사철 들일로 정짓간이 바쁠 때
잠시 엄마를 대신한 부지깽이 대리운전
아궁이 속에서 부지깽이 태우는 재미로 혼이 났지만
불장난하던 시절엔 알 수 없었던
열 손가락을 지키느라 짧아진
살신 공양이 있었다

나으리꽃

텃밭 귀퉁이에 나리꽃 있다
지난여름 꽃 피운 후 잊었는데

초봄 새싹에 눈 마주쳐 반갑다가
늦봄 국수처럼 봉두난발 뽑아내던
헝클어진 모습에 무심하던 차
유월 하지에 꽃대 밀어 기품 있는 꽃이라니

똑같은 일 년을 살더라도
이리저리 떠도는 내 마음 같지 않아
얼마나 심지가 굳은지 언제나 그 자리

2
안으로 삭인 심중은 저릿하다

기우는 계절에

개울물은 도랑에 도랑을 내며
실금을 그으며 흐르고

바람을 이고 섰던 홍엽은 맥을 놓고
허공의 길을 타고 내려온다

공중을 선회하던 갈까마귀 한 마리도
늦가을로 가는 의식처럼 곡하는 심정

부자 된다던 가운데 손금은 아직도 또렷한데
펼친 손바닥 위로 내려앉는 햇살이 얇다

비 내리는 11월

세상은 저물어 어둑한 길에
펄럭이던 온몸이 가을비에 젖네

비탈진 계절로 미끄러져 가는
붉은 단풍 등불 삼아 겨울로 간다

불덩이 같던 신열로 뜨겁던 사랑
나뭇잎 쓸어가는 바람에 초연해지네

살면서 금이 간 곳 소리 없이 메워주는
세상사 고독한 술잔에 술을 채우듯

까마득한 인연의 맑은 눈물 같은
단풍 진 잎 자락에 비가 내린다

적막

두툼한 솜이불처럼 스르륵
구름이 내려앉아
겨울비 내린다

말문을 걸어 잠근
깊은 단지 속 동치미처럼
안으로 삭인 심중은 저릿하다

도롱이 같은 적막을 덮고
강기슭에 홀로 앉아
장막 드리운 시야를 더듬어 본다

갈대처럼

겨울로 가는 길목 비켜선 곳에
이제 곧 칼바람 맞이할 갈대를 보고
운다거나 흔들린다는 말들이 있어
여윈 마음 위로나 받자고
서늘한 바람 불어 재끼는 갈대밭에
비틀거리며 함께 섰더니

우는 게 아니라 나만큼만 살아라 살아라
흔들리는 게 아니라 나처럼만 버텨라 버텨라
등 떠미는 바람에도 넘어질 듯 엎어지지 않고
매서운 바람에도 주저앉아 무릎 꿇지 않는
갈대처럼 살다 보면 겨울도 지나간다며
울며 흔들며 몸부림치며 살아보자 하네

시래기 한 덩이

하늘이 그리워 뭍으로 올라온
푸른 굴비처럼 허리를 묶인 채
동지섣달 차가운 밤 한뎃잠 자가면서
바삭바삭 소리가 날 때까지
온몸을 말리고 있구나

몸통은 누구에게 보시하고
무명초 한 다발 풀어 삶아
헛헛한 배 속을 채워 주던
삼천 냉골 얼음장 같은 가슴
후끈하게 달궈주던 시래깃국 한 그릇

어두워지는 겨울 저녁
후룩후룩 눈물을 삼키며
찬물에 건져 올린 시래기 한 덩이
약사여래 약병처럼 동글동글 공글리던 어머니

간다, 봐라

사람들은
발가벗긴 오리털을 이불처럼 두르고
겨울 냇가에 서성인다

피난 온 오리들은
얼음에 발이 묶인 갈대처럼 빙하에 떨고있다
기슭엔 비스듬한 햇볕으로 언 발을 녹여 쓴
설니의 유서들이 모래 위에 촘촘하다

어젯밤 불면의 시간에 스치던
삼각산 길상사 암자 수류산방에서 들려오던 소리
"중에게 하나면 충분하지 둘이 뭔 소용이 있나."

"분별하지 마라.
 내가 살아온 그것이니라.
 간다, 봐라."

구월을 보내며 그대에게

시월보다 먼저 찾아온
외로움 한 조각 둥지를 틀려고 깨진 가슴 틈으로
길게 들어옵니다

비암은 풀섶에서 기어 나와
저승의 햇살 같은
늦은 구월의 오후를 잘라먹습니다

이제 낯선 전화는 받지 않은 지 오래요
전설 같은 편지도 길을 잃고
텅 빈 수신함엔 적막이 살고 있다오

그리움 주고 간 사람아
시월이 오면
귀뚜라미 울어대는 길 하나 남겨 두오
나는 아직 이승의 개똥밭을 걸어가는
외로운 나그네요

달의 뒷면

옥토끼가 절구를 찧어
뒷곳간에 담아두던 곳
이태백이 마시고 던져 놓은 두루미 술병
아직도 수북이 쌓여있을 텐데
혹여 그곳엔 등 돌린 세상의 인연들이
나를 기다리며 쉬고 있을지도 몰라

태고 이래 살다 간 사람들이 믿었던
언제나 변함없던 허물어지는 진리
탐색과 관찰로 흔들리는 멀미

처음과 끝의 인연으로
여기서 죽어 저기서 낳고
저기서 죽어 여기서 낳는
행의 근본에 따름을 모른 채
달의 뒤태를 훔쳐본들 무엇하리

오금이 저린다

파고든 햇살에 엑스레이 흑백필름을 보듯
구석구석 실금이 난 곳이 보인다
허깨비 같은 인생 조금씩 삭아갈 때
뱃전에 물 새는 줄 모르고
한 푼 더 받을 욕심으로
꾸역꾸역 소금을 실은 탓이리라

주막에 들러 쉬어갈 곳 찾아야 하나
한 발짝 저승길 줄이려
해저물녘 산길로 접어들었구나
보생타이어 진짜표 꺼먹고무신처럼
만년구짜라던 몸띠가
엿장수 엿가락소리에 오금이 저릴 줄이야

홍매화 血氣

그대 미지근했던 사랑 부끄럽지 않은가

차가운 정월에 거친 껍질 뚫고 나와
홍매화 선홍빛 허공에 뿌려본 적 있었던가

그대 우물쭈물 세상을 살면서
어명한 사랑 하고서는 청춘이라 했던가

벌 나비 아직 이른 날 올연한 붉음
주저 없이 가슴 열어 터뜨려 보았는가 말일세

고요히 남풍 일어

벚꽃은
은하수처럼
허공에 출렁

부푼 흰 저고리
산길에 나른한데
미소와 홍조는
몇 날이던가

봄밤에 그리움 심던
청춘은 짧아
심연에 펼쳐놓은
아득한 날들

고요히 남풍 일어
북으로 날아가는
철 지난 꽃잎
시절에 묻어 놓고

유월 초하루

천지가 풀풀이야
다 필요 없어
초록에 취하면 그만인가
전선의 인식표는 녹슬지 않고
나를 일으켜 달라고 하네

젊은 일행이 지나갑니다
손흥민이 오늘 출격한다는데

베어진 덜 마른 풀에선 풀냄새가 진동하고
곰살미 깊은 산에 짜르르짜르륵
호적기가 총알을 쏟아부었다는
어머님은 풀 많은 산에 계시고

술 잘 익는 유월엔
거무자리 달라붙어 붉은 피 빨아먹는
그 전설 피 칠로 덧칠하고픈
유월 초하루 개구리 운다

반가사유

폭포처럼 쏟아내던 시절
흩어지는 파편으로 원시와 문명을 선택당할 때부터
나의 야성은 주저앉아 버렸는지 모른다
다소곳이 앉아 배설의 시원함을 즐기기 전까지만 해도
낙하물을 원하는 지점까지 내려놓기는 너무나 쉬워서
심지어 문득 생각나는 글씨를 레이저처럼 쓰기까지 했으니

세월이 흘러 일터에서 돌아오니 옛날 같지 않아
그 넓은 과녁의 테두리를 통과하는 것조차 힘에 부쳐
남자가 흘리지 말아야 할 것은 눈물만이 아니란 명언을 생각하며
허리를 낮춰 이삭을 줍고
고된 노동 후 만종 소리에 맞추어 기도하던 밀레처럼
엉거주춤 걸터앉아 하는 반가사유
度 · 一切苦厄

부둥켜안다

아궁이 속에서 뜨거운 밑불에 달라붙은
연탄재를 삶과 죽음으로 갈라놓던
푸석한 이른 아침의 기억일지라도
겨울 햇살이 식어갈 때면
불꽃에 그슬린 흔적조차도
부둥켜안고 싶어지는 섣달 밤이다

훈풍의 부드러운 속살 비벼
풋보리밭 종달새 띄우듯
돌처럼 단단해지는 가슴에
풍금 소리 멈추지 않도록
바람을 불어넣어야 한다

지문이 닳아 지워지기 전에
다가설 때 내 몸이 환해지던
그때처럼 길게 팔을 뻗어
눈물겹도록 부둥켜안아야 한다

라일락 봄밤

무르익은 봄날 저녁
누구를 마중하러 따라갔었지
가끔 증기 열차가 지나기도 하던
역 앞 동그란 화단 위에
아주 오래전 역장님이 심었을 듯한
소복하게 꽃을 이고선 나무에서
시집간 큰누님이 처녀 때 바르던
빈 분통에서 배어 나오던
포근한 분내음이 났다

꽃으로 흥건한 어둑한 저녁
막차를 기다리던 사람들은
고향의 증표 같은 향기를 묻혀
차표처럼 건네며 개찰구를 지나
멀리 떠나기도 하였고
기차가 덜커덩 멎은 후
차멀미 벗어난 사람들
푸근한 호흡에 스며든 야릇한 향을 담아

하루의 종착으로 향하던 훈훈한 봄밤

오빠 생각 노래가 슬프게 들려오고
애절하던 긴 머리 소녀도 가고
하얀 나비가 날아간 후
그때 그 꽃나무 이름이
라일락이라는 것을 뒤늦게 알았다
해마다 꽃 피듯 살아나는
에덴동산의 향기 같던 라일락 향내

매화 꽃눈

정초부터 비가 내리고
잿빛 하늘은 자주 내려앉는다
넓었던 세상은 좁아져서
스치고 부딪치는 소리가 나지만
세상의 소음에 귀를 막은
한갓진 겨울 밭은 고요하다

입춘은 아직 내일모레 온다는데
매화 꽃눈은 머루알같이 돋아나서
매천의 안경처럼 동그랗다

좁혀진 삶의 벽면을 밀어내고
내려앉는 하늘을 들어 올려
소리 없이 꽃 피울 자리 하나 만들고 있다

꽃잎의 근원

허공을 구르며 내려오는 꽃잎의 근원
별똥별 꼬리 잘라
작은 우주처럼 펼쳐놓은 맨 처음의 자화상
꽃 아닌 자 있던가

꽃잎 피운 일촌광음의 천진무구
길을 내며 여기까지 내려온
낙화의 시간은 순간

개나리 터지는 왁자한 환성 이어지던
탑탑한 목마름 사이로
연둣빛 버무리는 길을 지나

먼 고향, 초록의 숲길 거슬러 오르면
너나 나나 목젖 보이며 환하던
꽃이 아니었던가

건너가기

돌이켜 보면 아스라한 곳에서 건너오고 건너왔다
봉숭아 꽃잎 눈길 머물던 어린 날은
아득히 먼 곳으로 지나가 버려
가끔 꿈속에서나 잠시 건너갔다 다시 돌아오곤 한다

꿈처럼 한세상 흘러서 가고
겨울 가고 봄 맞은 날 수없이 많지만
어느 날 문득 여기까지 온 것처럼
목석같이 서서 돌아보니 눈시울 붉어진다

며칠 전 남극 기온은 영상 20도
빙하가 급속히 녹아내려
지상의 낙원이 점점 줄어들 것이란
암울한 소식에 마음이 급하다

우왕좌왕 헛디디며 걸어온 부끄러운 흔적 너무 많아
내디딘 발걸음에 스친 영롱한 이슬 떨어진
아침의 자리로 서둘러 건너가야 한다

여전히 허물을 덮어가며 하루를 살아갈 것인가
살면서 생채기 일어난 곳 쓰다듬으려
늦었지만 지금이라도 부지런히 건너가야 한다

초가삼간

   지난밤 차가운 바람을 안고 누워있던 산길이 오늘 아침 한 자락 햇살을 깔아놓고 말없이 산객을 맞는다 맘 같아선 내 아는 이에게 마른 장작 한 짐 져다 놓고 구들장 달궈 놓았으니 지나는 길에 놀다 가라는 기별이라도 넣고 싶은데

   사는 곳이 산만큼 높은 콘크리트 타워 속이라 설령 소식이 닿는다 하더라도 부식하지 않는 가랑잎 같은 차를 몰고 피라미드 속 같은 답답한 공간을 찾아올 사람 있겠는가

   굴러가던 낙엽이 멈춘 곳 밤새도록 내린 눈에 묻혀 버린다면 군불로 뜨끈한 구들방에 남은 세월 눌러앉아 불빛 고운 창호지 밖 깊어져 가는 겨울의 이정표 같은 눈 덮인 초막 한 채가 그립습니다

아버지의 지게

아버지는 지게를 지고 떠났다
평생 지고 다녔던 짐을
다 내려놓지 못하고
잠시라도 쉬어갈 때 받쳐줄
작대기조차 버리고 가면서
나에게 조그만 지게를 만들어 주고 떠났다

그때는 아버지처럼 지게를 질 수 있다는 마음에
작은 지게를 보고 좋아했지만
점점 등짐이 무거워져 뒤뚱거릴 때
이미 외로운 세상을 짊어지고 가는
어른이 되었음을 알았고
바람에 부대끼던 해거름 저녁 어느 날
주막집 모퉁이에 지게를 받쳐놓고
아버지를 원망하며 울어본 적도 있었다

조금씩 불어나던 세상의 무게에 짓눌려도
넘어지지 않고 비틀거리며 살아온 것은

일찌감치 삶의 무게를 견뎌낼 산덩이 같은 저울추를 매
달고
　가볍게 솟구치거나 쉽게 주저앉지도 않을
　두 어깨를 만들어 주었기 때문이란 것을 뒤늦게 알았다

　지게뿔에 꽁치 한 손 매달고
　어스름 장고개를
　흔들흔들 넘어오던 아버지의 지게

절반의 空

포구에 날이 저문다
엎어지고 누워있는
조개껍질 절반의 모습
일찌감치 바다로 돌려준 빈속
뉘엿한 햇살과 바람을 담아
주검의 뿌리를 편안히 내렸다

한세상 분간 모르고 살았기에
껍질만 남은 이 한 몸
여전히 허한 곳 마저 채우려는
반년 넘어가는 석양이 붉다

살다 간 살점보다 더 오래 남아
해변의 모래가 될 조개의 분신
절반의 모습으로도 온전한
조개의 반절이 空하다

저 홀로 꽃이다

앞다퉈 나서는 이들
허영을 좇는 자 많다
무리를 지어 시끄러운
짐승들의 행렬 밖

들이대는 초점 없어도
짧은 시간 목을 젖혀
하늘만 보고 가는
낙엽 진 길섶에
철모르는 꽃 있다

외로움 따윈 없다
저 홀로 꽃이다

이 뭣꼬

고향 친구네 마당 귀퉁이에
오랜 세월 담고 비우며 견뎌 온
한 아름 넉넉한 몸통에 틈이 벌어진
대퇴부 골절이 된 술독 하나 남아 있다

막걸리 한 섬 덜어내면
온 동네 사람들 기운이 솟아
누렁소 몰고 논으로 밭으로
푸르름 일렁이는 들녘 만드는
논두렁 걸터앉아 막걸리 한 사발

술 한 섬 마시는 천하 장비張飛라도
세월에 장사 없다더니
이제 다 비워낸 텅 빈속으로
겨울 햇살이 실뱀처럼 머물다 가고
이름과 모양은 끊어졌으되
옛날과 지금을 꿰뚫고 있는
갈라진 틈새로
이 마을 전설이 들어와 산다

무인카페

값비싼 커핀 없다는
대자대비한 곳

싼 것으로 뽑아놓고
하루를 참회한다

마하반야 휴대폰 좌선
만행의 길 카톡 삼매

무불 법당 관세음보살
아제아제바라아제

거미줄

눈을 뜨자마자 바다로 나갔다
바람 부는 세상에 그물질해 댔다
한창때는 제 흥에 겨워
시간 가는 줄 모르고
오직 배를 채울 투망질로 하루를 보내며
반구대 암각화 선사시대 사람처럼

일엽편주 타고 해와 달을 도는 사이
튼실하던 그물코는 오솔길에 쳐 놓은
낡고 가는 거미줄이 되었다

항구에 가까워질 무렵에야
산 입에 거미줄 칠 리 없다는
느긋함을 터득하였기에
미세한 진동을 감지하며 외줄을 타고
먹이를 향하는 포식자가 아니어도
아침이면 맑은 이슬 매달고
바람 불면, 스쳐 가라면 그만인 것을

〉
지나온 삶을 허무로 포장하며
언뜻언뜻 과거의 **殘像**이 어제처럼 느껴질 때
속절없는 하루를 잡으려고
부질없이 마음속 여기저기
거미줄 같은 덫을 또 놓는다

큰누님

조무래기 막내로만 살던 내가
육십갑자에 들어섰음을 알게 하는
고향 어귀 중국집에 두 동생을 불러 놓고
소주 석 잔에 얼굴 발그레하던 팔순 누님

늘씬한 키에 올림머리 우아하던 스물아홉 살 새댁
벨트 달린 원피스에 세 살배기 큰 조카를 안고
사진각구 속에 멈춰 섰던 흑백사진

푸른 계절을 지나 삼남 일녀 길러낸 자리엔
주름진 모습이 백 마지기 남해 다랑논 같다
공부 잘하던 아들 땐 없었던 걱정
손녀딸 수능시험이 걱정이라며
허리 구부러진 면발처럼 마음에 감긴다

낙화

꽃들이 낭자한 봄날
어머님 무덤 앞에서
칠순 넘긴 누이가
엄마를 부르며 눈물짓는다

모진 삶 짊어진 무게
살아보니 알 것 같은
꽃잎 떨구듯 내려준 사랑
한바탕 지나버린 꽃 잔치

세상 부대끼며 두꺼워진 마음도
제비꽃처럼 얇아지는
떨리는 봄날의
먹먹한 마음

크리스마스의 추억

남아있는 온기를 향해
이불 속 아랫목으로
한 뼘씩 발을 내려놓던 새벽이면
고요한 밤 거룩한 밤 합창 소리 들린다

노랫소리 사라진 골목길을
새파란 별들을 꿈결에 앞세우고
두어 걸음 따라가던 어린 시절
"불또가 쎈 집이라 예배당 댕기면 큰일 난다"기에
몰래 두어 번 따라가서 받아먹은 사탕은 달았다

흙 묻혀 일하던 공일날
데엥댕 데엥댕 종소리 울리면
정갈하게 차려입은 영순이 부모님
옆구리가 붉은 두꺼운 책을 들고
살구나무 모퉁이를 돌아가시고

맨드라미 봉선화 채송화도 피어있는

예배당 마당을 훔쳐보던 여름날 하굣길
김 약국집 담을 넘은 능소화에
내 새까만 얼굴이 부끄러웠다

모두가 착하게 살아가자고
종소리 울리던 예배당
이제는 그 옛날 꿈속의 정원

붓꽃

꼿꼿한 붓끝이 하늘을 찌른다
꽃피기 전까지 날마다 붓을 세우는
창공에 펼칠 장법이 궁금하다

천하에 글을 남긴 고금의 신필처럼
일 년에 딱 한 번 보라색 먹물 듬뿍 묻힌
우주의 중앙을 가르는 수직의 중봉

청록으로 물든 오월의 푸른 들녘
젊은 날 넉넉한 인생 허투루 보내지 말자고
꽃피는 날까지 일 획을 준비하는 저 붓꽃

소실점 消失點

끝은 어디인가
점점 가다 보면
발자국 멈춰버린 저곳인가
실뱀의 꼬리를 찾아가듯
찰나의 점들을 이어 본다
연초록 오월의 푸른 숲에서
둥글게 번진 등고선
하나하나 딛고 내린
뻐꾸기 소리 스며든 자리
화선지 밖에 상이 맺힌 그곳
가물가물 손잡고 가면
벌어진 어깨도 다시
한 알의 씨앗처럼 작아진다
그 끝에 서면 외로움도 사라질 것 같은
바람 따라 유랑하는
먼 고향 같은 곳

아주 오래된 찻잔의 파편

한 조각 파편 같은 삶일지라도
남아있는 삼 할의 몸으로
사라진 칠 할의 소멸을
온몸으로 대신한다

얕은 심미안으로 애써 그려보는
대갓집 여인의 입술 자국일까
번뇌 해탈 스님의 마른 손길일까

먼지처럼 떨어져 나간 지난날이
주름의 육신으로 남아
조각이 되기 전을 회상하듯
반딧불처럼 반짝인다

3

윤슬의 풀밭에 몸을 비벼

월악산 미륵사지

미륵불 태우고 내려온 돌거북
언제라도 등을 주어 모셔갈 듯
월악산 바라보며 천 년을 기다린다
어미 등 타고 오르는 새끼 두 마리 남겨놓고
하늘재 넘어간 석공은 돌아오질 않네

도솔천 돌아가는 지름길
등껍질 속에 증표를 숨겨 놓았을까
잃어버린 비신碑身을 찾아
절간 구석구석 파보았다는데

미륵보살 지긋이 내려다보며
나무아미타불
지족천 가는 길은 가슴속에 있느니라

천년의 편지

남쪽으로부터 꽃 소식이 올라오다
새재길 중턱에서 잠시 쉬어가기로 했나 보다
꽃 같은 소식을 안고 가는 길이라도
그렇게 쉽게 넘겨줄 고개는 아니라서
구부야 구부야 눈물 났던 천 리 길
춘분 지난 간밤에 눈이 내렸다

호랑이를 피할 만큼 담장을 두른 동화원
쉬어가는 나그네가 남겨놓은 수많은 이야기
돌담 구석구석 박혀 살며
봄이 되면 따뜻한 햇살로 번식하며 천년을 버텼는지
아마도 부엌 뒤꼍쯤 되는 담장 틈새에서
밥그릇인지 술병인지 모를
여인의 손길이 닿았던 도자기 파편을 보았다

점자로 쓰인 천 년 전 그날의 이야기를
단박에 읽어 내렸다
용추폭포 깊은 물에 뽀얀 발 담갔던 적 있었잖아요
옛일을 생각하다 그릇을 깨었어요
한 조각 춘몽 같은 이야기 돌담 속에 숨겨놓을 테니
언제고 지나는 길에 읽어나 보셔요

청산도

아주 오랜 옛날 전라남도 어디쯤
일찍 일어난 새끼 공룡 두 마리 토닥거릴 때
아침잠 깬 삼천리강산 기지개를 켰는가
우두둑 척추 끄트머리 하나 떨어지며
섬 하나 생긴 곳

땅끝마을 건너편 완도에서 뱃길 오십 리
오월의 황톳길을 걸어온 슬픈 시인의
떨어져 나온 발가락처럼 눈물 같은 물결 위에
산 푸른 물 푸른 청산도 떠 있다

섬 기슭 푸른 바다에 맑게 헹군 육탈의 시간
아리아리랑 쓰리쓰리랑 아라리가 났네
탈골의 세월이 첩첩이 지난 어느 봄
풀무덤가 서성이던 신선, 섬 하나씩 집어와
바둑알처럼 놓아 만든 구들장 터전 사이로
느리게 넘실넘실 다도해 고샅길을 걷는다

安興城 서산댁

서해 신진도리 안흥항구는
하루에 두 번 심호흡한다
홀쭉한 아이 뱃구레처럼 속을 비우고
격렬비도로 마실 나갔던 썰물
갈매기 앞세워 되돌아온다

보리밭 새참 이고 나르던
뭍으로 시집간 처녀는
아이 둘 장가보내 놓고 친정에 왔네

이월의 서해 신진도리 安興城 북문 밖엔
애기 섬 시린 무릎 덮어주려
물들어 온다
엎드려 누운 빈 배를 세우려
물들어 온다

월남 땅 바나힐

초등학교 때 여름방학이 끝날 무렵
학교엘 나오래서 갔더니
맹호부대 용사들이 월남 간다고
따라 부르게 하던 노래

자유 통일을 위해서 조국을 지키고
조국의 이름으로 임들은 뽑혔으니
그 이름 맹호부대, 맹호부대 용사들
가시는 곳 월남 땅에 하늘은 멀더라는
그 노래를 따라 부른 지 50년 만에 뒤따라갔네

콩 볶듯 총을 쏘아댄다는 무시무시한 베트콩의 콩은
다름아닌 共이라고 하였는데
이념의 수두 자국처럼 바나힐 가슴에 새겨진
돌팔매질 같은 코브라헬기의 총탄 자국

미제 양키, 베트콩, 따이한의 푸른 전사들이여
정글에 녹아내린 청춘만 애석할 뿐
나팔을 불어 호객하는 바나힐 정상에서
지글지글 고기를 굽고 시원한 맥주가 넘쳐흐르는
운 좋게 살아남은 자들이 먹고사는 장터가 되었네

화도 花島

여수 앞바다
작은 섬 징검다리 삼아
서너 마장 딛고 나가면
떨어진 꽃잎처럼 엄마 손 놓친 섬 하나
찰박찰박 발등을 씻으며 앉아있다
지척엔 뿌리가 같았을 개도와 낭도
이제 되짚어갈 수 없음을 알았는지
봄 여름 꽃 피우며 해풍에 독야청청
화등을 밝히며 떠내려간다
임진년 피난길에 등잔불 같은 목숨
이곳 꽃 무더기 속으로 몸을 숨겨
함께 꽃이 되어 살았다 하니
나라를 구한 장수가 꽃섬이라 불렀단다
무릎만큼 자란 유월의 풀잎들이
마파람 부는 벼랑 위에 잔물결처럼 일렁이는
남쪽 바다를 좌향坐向으로 삼은 풀무덤 있는 자리
꽃섬을 끌고 가는 선장실이다

코로나19·1

봄은 저만치 오고 있는데
인적 끊긴 오솔길
사립문 닫아걸고
비에 젖고 술에 젖네

이름 없이 사라져야 할 길 잃은 바이러스
그마저 땅을 딛고 살아가는 생명이기에
두껍게 덮인 콘크리트 위에서
봄비와 함께 서성인다

작아서 보이지도 않는다는
비말을 타고 허공을 헤매더니
산돼지 같은 육신에 올라타
헐떡거리는 세상이다

헛것을 보았으리라
점점 기운은 다하리
비에 젖고 술에 젖어
봄비 내리는 경자년 초춘
이 밤이 지나가면

코로나19·2

세상엔 역병이 돌고 있다
죽음을 멀리 두고 살던 사람들은
밤새 한 발짝씩 다가오는 침입자의 소식에 입을 다물고
겨울나무처럼 제자리에 서 있다

꽃망울은 아랑곳하지 않고 터지려 하고
목련꽃 호롱불처럼 부어올랐다
풀어 놓는 삼월의 햇살에 젖이 돌면
강보에 싸인 아기는 웃을 수 있겠지

무용한 말로 소란스럽던 날은
잠시 침묵하는 사이
실개천 따라 벌써 저만큼 흘러서 갔다
살아있어 풀풀 드는 삼월
사월엔 꽃물 또한 흥건할 것이다

선유도

서해 선유도 망주봉 아래엔
뼈가 부스러져 흙으로 돌아가는
백골이 진토 되는 모습을 눈으로 볼 수 있다
지금은 동글납작한 몽돌이 되어 쌓였지만
마지막 여정은 해변의 부드러운 모래가 되고

천년도 아닌 만년의 세월이
일억 삼천 번이나 굴러온 부스러기 속엔
공룡의 분말도 섞여 있으리

저 높은 바위산에서 떨어져나온
슬픈 편린들을 묻어 버리고 싶듯
또 하룻밤을 삭히려
밀물에 몸을 담그는 일몰의 해변
만고풍상 핏줄로 이어온
원석原石의 시절이 물에 잠긴다

수덕여관

찾아갔더니 떠나고 없었다
산문 밖 초가집 여관에 짐을 풀고
다음날 일찍
히말라야 꼭대기 만년설 위에
구름에 설핏설핏 드러나는
부처의 눈을 보았는가

그렇게 가고 오는 것인가
손을 잡아준 한 분은 입적하고
한 여인은 유랑생활 끝에
무연고 시신이 되어 생을 마감하였다니
시대에 깔려 죽은 파타차라여

수덕여관에서 하룻밤을 자고 나니
팔만사천세로다
섬돌 아래 푸르름 가득한 오월
대웅전 맞배지붕처럼 합장을 한다.

섬바디

벌겋게 얼굴을 내밀던 날
바닷물에 열을 식혔지만
아직도 울퉁불퉁 뜨거운 흔적

비바람 눈 맞으며 세월은 흘러
멀리 이웃 하나 있었지만 외로웠으리
향 사르고 꽃 피우며 누구라도 불렀겠지

나뭇잎에 실려 온 맨 처음 방문객
발길 닿는 곳마다
우산국의 신하처럼 백성처럼
맞아주던 섬바디

망초꽃 피울 자리 넘보지만
어림도 없는 섬바디
길게 이어지는 뿌리의 끝은 독도이던가

길

만물은 변하는 것
ego의 끝은 사멸인가

바람 불면 흔들리고
비 오면 맞더라도

단풍 되어 떨어져야지
바람에 날려가면 어쩌나
머무르다 흘러가야지
장마 큰물에 휩쓸려가면 어쩌나

어쩌나 하면서 이어지는
윤회의 길
천당의 길
인연이 머물다 간 심중의 길
끝없는 길

마른 소 ㄷㅜㅇ서ㅂ

청정 바다를 유영한 죄로
HACCP 그물에 걸려 잡혀 온
어린아이만 한 방어 한 마리가
올레시장 유명횟집 수족관 앞
레드카펫 위에 내동댕이쳐진다
곧이어 판매 효과를 노린 듯한 젊은이가
고무망치로 대방어 머리를 두세 번 강타한다

흰 눈 위에 떨어진 붉은 동백 꽃잎처럼
퍼덕임을 멈추고 피를 흘렸다
번호표를 받아 들고 대기 중이던 사람들 중엔
순식간에 벌어진 현장을 보며
관광의 부역자가 되기도 하고
못 볼 것을 본 목격자가 되기도 한다

돌아오는 길에 서귀포 어느 주유소에 걸려있는
희생자 유해 발굴을 위한 제보를 기다린다는 현수막을 본다
곶자왈 무너진 동굴엔 아직도 내려오지 못한 사람들이
희미한 흔적의 돌담 너머를 살피고 있다
궁핍한 시대의 마른 소가 쇠기둥에 매여 있다

2월의 서귀포

타원의 섬나라 빼닮은
봉긋한 초가 한 채
초록 바다 칠십 리를
앞마당으로 삼는다

남은 열 달의 햇살을
달마다 조금씩 덜어와
밑불로 쏟아붓는 2월의 서귀포
겨울의 구석진 곳을 말리러 온
남향 마루 걸터앉은
나그네 외투를 벗긴다

어디엔가 자라고 있을
불로초 쓰다듬은 바람 때문인가
밀감이 진화하는 향도 깊어 꽃들은 벌써,
전설이 묻혀있는 포구마다
사무치는 숨비소리

제주올레

겨울에도 시퍼런 무가 자라는
고랑 사이 듬성듬성 유채꽃도 피었더란 말이지
완당 초막 동그란 창으로
푸른 고향을 회상하는 비둘기 난다

대역죄인이 간다는 바다 건너 유배길을
허명을 탐하다 물든
삶의 색채를 씻어내고자
스스로 비행기 타고 날아와 자가격리에 들기도 한다
사시로 봄날 같아서 단봇짐 풀고
세상을 다시 보려는 능절凌絕의 시간

지척지간 어미섬에 오르지 못한 채
수십만 년 해진 무릎을 딛고 선 애기섬
천년의 세월이 길다 한들
봄날 한때 섶섬 벼랑에 움튼 새싹보다 짧음을

광해가 실려 왔던 어등포에도
산방산 밑으로 하멜이 떠밀려 오더라도

다시 걸어갈 수 있는 길을 열어놓았다

흔들리는 발걸음 돌담으로 바람을 막아
마른 사유를 춘심으로 재생하는
가도 가도 원점으로 돌아가는
정착을 권하는 올레가 있다

가파도

파도의 어깨 아래
낮게 낮게 살아온 섬
거부를 모르는 순응의 모습
걸터앉을 편한 자리 내어준다

청보리 돋움하는 볕 좋은 날
푸른 파도는 백마의 갈기 날리며
봄을 품는 보리밭으로 들어갔다

이별을 모르던
철없던 그때처럼
바다와 섬이 교합하는
숨소리 들린다

도솔산 동백꽃

육자배기 목쉰 가락 녹슬어 있는
동자승 보드라운 뒤꿈치로
뒷산을 내려와
봄 마당 객심 적시던
철 지난 동백 찾았더니

도솔산 뜬구름에 실려 왔다가
난 것도 아니며 죽음도 없다며
산신당 호랑이 두 눈으로 붙여주고
뒷산 동백숲으로 가고 없었다

저세상에서 찾아와
이 세상으로부터 떠나가는
나고 죽고, 나고 죽고
개화의 순간은 해마다 이어진다
감각의 한 조각
칠월 한낮 만세루에 걸터앉은
뜰앞에 동백은 초록이더라

몽고반점을 찾아서

마고 할멈 재촉으로
초원을 지나오며 묻힌 파란 풀물
바이칼의 심장에서 뻗어 나온 말초혈관의 번짐인가

어느 나라 전쟁처럼
깜깜한 밤의 영토를 점령한 문명의 불꽃 속에
자나 깨나 뜬눈으로 살아오며
물고기 눈이 된 사람들의 귀향길
내일을 잉태하는 어둠은 생명의 시원
윤슬의 풀밭에 몸을 비벼 티끌을 털어낸다

초롱초롱한 야생의 별을 따는 곳
여름밤 반딧불이 날아다니던 고향의 들길 같은
천지간을 이어주는 솔롱고스 다리를 건너
흔적 없이 사라진 푸른 증표를 찾아간다

남사 예담촌

수백 년 고옥의 선비들
고목 허리 짚어가며
옛 담장 긴 골목 걸어 나와
산으로 떠났네

담쟁이넝쿨 휘감아 둘러
청룡의 시퍼런 비늘 세운
회화나무 깊은 그늘로
더위를 불러들여
거북 등껍질 같은 지붕
서늘한 대청 위에 여름을 재운다

남사천 물줄기 흘러간 자취
육백 년 납작감 감나무
칠석 지난 오늘도 조금씩 배를 불리며
하루를 밀어내느라 납작해졌다
온몸으로 지구의 자전을 거들고 있다

내성천 사금파리

버들 그늘 외나무다리 지나
봄 햇살 등에 얹어
뒷짐 지고 마실 가듯
흐르는 냇물이 선달 걸음이다
오래전 함께 따라 내려오던
밑동만 남은 오래된 도자기 그릇
물살을 버티며 연화좌대처럼 모래톱에 박혀있다

거슬러 올라가면
들밥 내오던 조선 처녀가
돌부리에 넘어진 밭두렁 길 어딘가부터
여기까지 수백 년일까
천변 어느 고을 양반댁 부엌에서
쌀밥 담았던 족보가 세월에 실려 온 지 수백 년일까

보리밥 담고 쌀밥 담아
대를 잇게 하던 몸뚱이는
옛사람의 지문을 간직한 채

어느 골목 사금파리로 남겨두고
주춧돌 같은 굽다리 하나
수만 년 전설들이 퇴적된
내성천 무섬마을 앞 황금 모래밭에 머물고 있다

오름

미루어 짐작 못 할 시간
뜨거움을 뿜어내던 곳
비바람 담아놓은
움푹한 배꼽 하나 가졌다
주저하지 못하고 분출한
솟음의 안쪽은 부끄러운 동공
철없는 변명으로 메웠다 해도
아픔의 흔적들은 깊다
이제 와 어쩔 텐가
동산 같은 오름 위에
납작하게 침전하는 오래된 봉분처럼
무릎 아래 양지꽃 뿌려 놓은
오름으로 살아간다

다랑논 원양제전

지름길을 쫓아 직선으로 내달려야 하는
숨 가쁨이 없는 곳
한 길만 선택해야 하는 네거리를 지나
다시 마주한 벽면조차 없는 곳

쟁기질하던 아비는 죽기 전에
산허리 돌고 돌며 동심원 하나 그려놓고
자식은 한 계단씩 등고선을 이어내려
붉은 쌀을 만든 옛날

풍요로 불룩해진 배꼽 아래
수천 겹 논두렁을 허리띠로 두르고
포대화상 늘어진 뱃살처럼 구불구불 웃고 있다

茶馬古道 2024

그 길을 걸었다
저 장엄한 설산을 바라보며
더 높이 오르기를 갈망했던
지난날의 비틀거린 수많은 발자국을
金沙江 용틀임 물결 속으로
남김없이 방생한다
더 낮은 곳으로 흘러가라고
그게 가야 할 길이라고

문명을 실어 나르던 古道 초입엔
객잔을 증축하는 아름드리 콘크리트 기둥을 세우고 있다
길가에 플라스틱 빈 병이 만년설처럼 쌓여가는
비문화를 잠재우는 馬房이 되기를 간절히 기원한다

흰 눈이 길을 밝히는 茶馬의 길을 시작하니
환생한 천상병 시인 같은 마부가
천진하게 웃고 있다
비웃음과 거짓 웃음이 필요 없는

막막궁산에 떠 있는 흰 구름 같은
우려낸 맑은 茶처럼
말[言] 없는 말[馬]이 통하는 차마고도엔
고고한 웃음들이 살고 있다.

설 전날 광희문* 성곽을 따라 돌며
  - 동대문·광희문·남산 구간

섬김을 다한 백성이
왕의 굴레를 벗어나 저승으로 가는 문
마지막 상여가 주검을 싣고
시구문을 빠져나온 후
홀가분한 마음으로 노제를 지냈다
광희의 거짓을 탓하며 큰길도 뚫었다.

천만년 버텨줄 두꺼운 성벽도
구불거리다 비틀거린다
저택의 담장이 되기도 하고
초라한 사람들이 기대고 사는 바람벽으로 버티고 섰지만
남산을 오르는 곳에선
재벌가 호텔의 우뚝한 가위에 눌려
도마뱀처럼 꼬리를 잘라버렸다.

살이 녹고 뼈도 삭는 풍진 인생
비탈길 내려오는 계단에 딸깍딸깍
나막신 부딪히는 소리 들리는 곳에서

가파른 길을 오르는 새내기 부부를 마주한다.

지아비에게 '자기야, 힘들어 더 못 올라가겠어'
하면서도 행복한 표정
'이제 다 왔어'
'이곳이 우리 부모님 살던 곳이야'
아비의 남루했던 본향을 숨김없이 보여주는
꼬장꼬장한 남산골샌님의 후예가 갸륵하다.

* '남소문南小門' 또는 '시구문屍軀門'이라 불리며 조선시대 수도 한성에서 사람이 죽으면 사대문 안은 물론 城底十里 성 밖 10리까지도 무덤을 만들지 못했다. 거기에 사람을 묻으면 사형에 맞먹는 유배형을 당했기에 한성부 내에서 사망한 시신을 도성 밖으로 운구할 때 통과하던 문으로 '빛[光]처럼 빛나다[熙]'는 이름과는 달리 '통곡문痛哭門' 또는 '시신문屍身門'이라고도 불렸으며 문밖으로 나온 망자들을 위해, 유족들은 무당들을 불러 굿을 하며 넋을 위로하는 신당이 많았기에 지금의 신당동 지명의 유래다.

無等의 산

신전의 기둥을 두른 산
사람들은 立石이라 하고
瑞石이라 부르지만
석경을 보러 오르는 발길을 돕는
엎드려 등을 내민 돌들이
입석보다 많은 곳
이 산에 머물며
높고 낮음을 멸하고자
선돌을 눕혀 온 고승들
이름 붙여 얻고자 했을 無等.

단지봉

산길을 걸어 숲으로 간다
신록 가득한 천지에
나 또한 초록 되어
구슬붕이, 박새, 산꿩의다리처럼
숲 그늘 죽비 맞으며 서 있고 싶어서

멀리 가야산 연화봉 연화대와
수도암 비로자나불 사이
오월의 단지봉은 천상의 화원
연분홍 철쭉꽃 화장세계다

나스카 사막의 그림처럼
그 먼 거리를 일직선 위로 설계하고
도선이 춤춘 것을 천 년 지나 알 것 같은
오월이면 단지봉 연화장에서
도선을 만난다

지붕 없는 미술관 연흥도

이른 봄을 소복이 담아 놓은
접시 같은 섬 한바퀴 돈다
지난겨울 무미해진 식감을 살리듯
왁자한 매화꽃 한 사발 올려놓고
동백의 붉음과 진노랑 유채도
삼월의 봄빛과 내통한 오솔길 따라
먼저 와 기다린다

먼 옛날 바다로 나갔던 어부가
오두막 섬 집을 찾아가는 길처럼
푸른 지붕 담벼락에 암각된
섬마을 억겁의 전설을 가슴에 안은
물고기 앞장세워 골목길을 내려왔다

마침 동백 아가씨 아들뻘쯤 돼 보이는 이가
마늘밭에 약을 치고 있기에 묻는다
뚜껑 없는 박물관은 어디에 있냐고
"아, 시방 여그가 그 지붕 없는 미술관 연흥도랑께요."

황금시장

재래시장 한장딴 만에
시들해진 그림자 난전에 풀어놓기 좋다
어쩌다 반가운 얼굴 마주치기라도 하면
예전엔 장터 막걸리 한잔이 인사였는데
호기롭던 시절을 열무단처럼 팔아넘긴 지금
손사래 못 할 어묵 하나 베물고 국물 한 컵도 괜찮네

추억의 국화빵 여덟 개 이천 원도 좋은 게
동그란 틀 속에서 절반이 구워지면
능숙한 뒤집기로 꽃으로 피워내는
삶의 무미함도 좌판에 펼쳐놓은 채소처럼 푸릇해진다

동그랗게 등이 말린 노역의 할머니가
서로 닮은 한 묶음 마늘종을 파는 오월
인생삼막의 장면이 펼쳐지는 가설무대처럼
황금시장 오일장을 기웃거리는 무명의 엑스트라

관매도

동네 입구 움푹한 바위 그늘에 쉬고 계신
선한 웃음 짓는 여든 넘으신 할머니
"이로케 썩을 곳엔 뭐 하러 왔당가요?"
정작 비경은 마을 뒤에 숨겨두고
지극한 부정이 긍정으로 바뀌는 인사

가만히 있으라던 그 앞바다를 떠난
섬으로 오르려는 쉼 없는 물결 소리
선녀의 재림을 기다리는 부활의 방아섬

방아를 찧어 생명을 얻은 후예들은
집마다 돌절구를 마당에 두어 증표로 삼는다.

대서양

유라시아 대륙의 서쪽 끝, 바다의 시작
돌아올 빨간 등대를 만들어 놓고
망망대해로 뻗어간 탐험가를 생각하며
까보다로까 절벽에서 대서양을 바라본다.

일찍이 이 지역 과학자들이 주장한
힘의 팽창과 수축에 대한 물리법칙을 증명하듯
금칠을 한 대성당 앞에 동전을 기다리는 걸인이 있다.

신고 온 황금도 무용함을 느끼며
그리다가 만 심우도처럼
한 자 아래 얕은 곳에 숨어있는
구불구불 산길 같은 미로의 길에서
희미한 마음의 등불을 찾아 나선다.

자작나무 숲길

다독다독 어머님 손길
꿈결처럼 포시럽던 시절 지나
세월 따라 홀로 가는 自作의 인생길

자작자작 불타는 소리 들으며
파초선에 고향산천 옮겨놓은 화가는
자작자작 밥이 다 되었음을 알고서
붓을 놓고 떠났다

자작나무 숲길을 깊숙이 들어간다
속세의 짙은 색에 물들지 않는
연둣빛 이파리 찰랑거릴 봄날을 그리며
겨울 햇살 한 줌씩 나누며
나목으로 서 있는 은백의 자작이 청량하다.

금준미주는 붕우의 淚

저물어가는 세월 섣달그믐
지난 시간을 재생하는 인사동 선술집
댓돌 위에 벗어 놓은 신발에 눈발이 날린다

옛친구만이 나눌 수 있는
가난했던 어린 날의 추억을
한 토막씩 던져 놓으면
저절로 불이 붙어 대서사시로 이어진다

이 대목 저 대목에 막걸리 한 잔 넘어가며
함께한 부인의 따뜻한 미소까지 담긴
금준미주는 朋友의 눈물이로다

부여 정림사지 오층석탑

부소산 모서리 타사암 절벽에서
사비수에 몸을 던진 백제여
후세는 차마 타사墮死라 말 못 하여
낙화로 예우했다

백마장강 눈물길 따라 잡혀간 사람들
왕은 북망산에 무덤을 만들고
이름있는 장수는 원한의 땅에
나는 백제사람이라고 묘지명을 남겼다
이빨을 깨물었을 능산리 왕릉 속에
끝내 흙으로 돌아가지 않고 어금니 하나 남겨놓듯

멸망의 서사를 지켜본 정림사 불탑 가슴에
이천백스물여섯 자의 붉은 통점痛點을 새겨넣는
정복자의 뜨거운 인두질에 터져 나온 비명이여
늦게나마 금동대향로에 향불 피워 올린다.

새로운 삶의 질서를 가능케 해준 근원적 마음의 힘

― 서석철의 시세계 ―

유 성 호 | 문학평론가, 한양대학교 국문과 교수

1. 인생론적 안목과 농경적 마음의 표본

묵헌 서석철 시인의 신작시집 『은하수 강가에 앉아』는 새로운 삶의 질서를 향해 가지게 된 근원적 마음의 힘을 정성스럽게 갈무리한 아름다운 시간의 도록圖錄이다. 시인은 가장 깊고 오랜 시선과 손길로 세계의 의미를 새롭게 묻고 탐색하면서 그 세계가 온전하게 회복되기를 희구해 간다. 순수한 의지적 구성물로서의 서정시를 쓰면서 지나온 시간을 끝없이 환기하는 존재론적 기억을 남다르게 구축해 간다. 이때 시인의 의지는 세계와 자아를 연결해주는 적극적인 통로로 기능하면서, 지각 체계에 전혀 포섭되지 않는 존재 고유의 속성을 환하게 파생시킨다. 아닌 게 아니라 서석철 시인은 누구와도 닮지 않은 자신만의 언어로써 수많은 상징들을 노래하면서 그 안에서 끝없이 유동해 갈 수밖에 없는 삶의 속성들을 사유해 가는 것이다. 그의 굳건한 인생론적 안목에 의해 세워지는 이러한 삶의 질서가 의연하기만 하다.

 그런가 하면 서석철의 시는 농경적 마음의 표본으로도 우뚝하다. 그가 시집에 들어앉힌 자연 사물은 스스로에게 걸맞은 화음和音으로 서로 어울리고 있다. 그 어울림은 사물과 사물 사이를 채워주는 밝은 파동으로 이루어진다. 그 원초적 풍경 안에서 시인은 이미 제 영토를 확보하고 있는 사물들로 하여금 서로 소통하게끔 하면서, 그들을 외따로 떨어진 단자單子들이 아니라 서로 긴밀한 연관성을 가진 존재자들로 만들어간다. 이처럼 이번 시집에는 시인 스스로의 자연 친화적 생활을 통해 구체화된 농경적 마음의 드라마가 가득 펼쳐져 있다. 이때 우리가 거기서 살아 있는 신성神聖을 느끼게 되는 것도 무리는 아닐 것이다. 이제 이처럼 인생론적 안목에 의한 새로운 삶의 질서와 그 질서를 가능케 해준 근원적 마음의 힘을 가득 담은 이번 시집 안으로 천천히 들어가 보도록 하자.

2. 귀거래의 삶이 거두어간 성장의 일지日誌

말할 것도 없이, 서석철 시인이 보여주는 서정의 화음은 시인 자신의 감정을 직접 토로하는 것이 아니라, 사물 스스로 언어를 건네게끔 해주는 속 깊은 사유와 감각에서 발원한다. 그는 이러한 사유와 감각을 통해 사물의 본성을 고스란히 살려내는 데 힘을 기울인다. 때로 사물과 한결같은 거리를 유지하면서 그들의 속성을 하나 하나 추출하고 배열해간다. 다시 말해 스스로의 경험을 노출하지 않고 사물의 본래적 속성을 암시하는 데 몰입함으로써 사물이 견지하고 있는 순리의 흐름을 그대로 담고자 한 것이다. 이러한 자연과의 교호 과정을 거쳐 시인은 자신이 살아왔고 또 살아가야 할 삶의 표지標識를 유추하고 성찰하는 방법론을 취하고 있는데, 그 유비적 방법을 통해 다시 새로운 사유와 감각으로 나아가고자 한 결실이 말하자면 이번 시집의 경개景概인 셈이다. 다음 시편을 먼저 읽어보자.

    면벽의 공간에서 궤도를 벗어나지 못한 한세월
    인형 뽑기 같은 단어들의 선택으로 생산된 문서들은 바람에 날려갔다
    먼 훗날 공룡 발자국에 짓눌린 다라니경이 되어
    어느 폐사 터에서 발굴될지도 모를 일이다

스트레스로 부식된 퇴적물들이 쌓여
여기저기 화학적 변화로 녹물이 번지는 침식 현상이 나타날 때쯤
드디어 도착한 출구를 걸어 나오니
곧바로 바이러스 계엄군들이 사방으로 길을 막았기에
꿈꾸던 오천축국 땅은 밟지도 못해보고
그만 울타리 없는 밭둑에 주저앉아 멀미 나는 마음을 뉘고 말았다
고승의 마른 지팡이가 뿌리를 내려 노거수가 되었듯
봄에 심은 두세 포기 정구지는 소보로빵 같은 그루터기를 만들고
들깨 한 알은 수나라 병사만큼 대군이 되었고
칠월에 심은 실파는 지공을 내면 퉁소가 되었다
봄, 여름, 가을의 이야기가 담긴 책 한 권을 읽고 나니
첫얼음이 얼었다 종강이다
― 「어느 퇴직자의 텃밭 수업」 전문

'어느 퇴직자'는 이전까지 일률적 사각 공간에서 궤도를 이탈하지 않고 한세월을 살았다. 면벽의 공간에서 생성된 문서들은 훗날 무심한 공룡 발자국에 짓눌린 낡은 경전으로 발굴될 것이다. 그만큼 이전 삶은 그에게 "스트레스로 부식된 퇴적물"과 "녹물이 번지는 침식 현상"을 가져다주었고, 가까스로 출구를 찾아 나온 퇴직자로서의 첫 걸음이 가닿은 곳은 바이러스 계

엄군이 길을 막은 또 다른 절멸의 세상이었다. 그래서 마음을 누인 곳이 바로 "울타리 없는 밭둑"이었다. 이제 시인은 그때 내려놓은 마음자리를 일러 고승의 지팡이가 노거수老巨樹로 자라간 것으로 암시하면서, "봄에 심은 두세 포기 정구지"와 "들깨 한 알"과 "칠월에 심은 실파"의 연쇄적이고 점층적인 결실을 "봄, 여름, 가을의 이야기가 담긴 책 한 권"으로 은유하고 있다. 그러한 이야기가 축적된 퇴직자의 텃밭 수업은 첫얼음이 얼 때쯤 '종강'을 맞았고, 이제 그의 퇴직退職은 지상의 가장 근원적인 질서로의 이직移職을 함축하게 되었다. "한 톨의 씨앗, 흙에 묻혀/ 조선의 백성처럼 죽지 않고 살아온"(「들깨를 심다」) 생명들을 돌보고 거두어가는 삶을 노래하게 된 서석철 시인의 삶은 이제 비로소 "흙 속으로 파 뿌리처럼 뿌리를 길게 내려/ 척박한 삶의 근원을 살펴보라는 화두"(「파 모종」)를 얻게 된 것이다. 다음은 어떠한가.

    수확에 눈이 멀어 서둘러 감나무를 심었더니
    점토질 땅에 뿌리를 내리지 못하고
    목숨만 유지한 지 십 년
    고난의 세월에 밭을 탓하며 핑계로 삼았다
    한여름 시든 잎을 마주하면 갈증이 났다
    풀이 무성해지는 밭을 헤집고 정구지를 심고

상추를 심어 산으로 가는 길을 막았지만

어느 해 마늘 한 접 심고 뽑히지를 않아
곡괭이로 문화재처럼 출토했다
매년 열 포기 정도 심었던 청양고추처럼
독하게 혼자 버티고 살아야 했던 친구들
옛사람같이 밤잠 아니 자고 땅을 갈고 일궜다면
팥고물처럼 땅심 깊은 흙이 되어
뿌리내리는 길이 수월하여 포시럽게 묻혔을 텐데

결국 딴딴한 토층 위로 부드러운 흙을 받았다
흙을 지고 와서 쏟아붓고 두꺼운 솜이불처럼 덮었다
이제, 부슬부슬한 흙을 품었으니
도롱뇽, 메뚜기, 방아깨비, 풀여치도 돌아오리라
─「농부는 밭을 탓했다」 전문

    이번에는 텃밭 수업을 마친 '농부'로서의 구체적 기록을 담고 있다. 언뜻 보면 고난의 연속을 담은 듯하지만 귀거래歸去來의 삶이 거두어간 성장의 일지日誌를 보는 듯도 하다. 서둘러 심은 감나무가 점토질 땅에 뿌리를 내리지 못하자 시인은 밭을 탓했다. 하지만 풀이 무성해진 밭을 헤집고 채소를 심으면서 산으로 가는 길을 막았듯이, 시인은 독하게 혼자 버티고 살아야 했던 생명들을 바라보면서 "옛사람같이 밤잠 아니 자고 땅을 갈고 일궜다면" 하는 회한을 가지게 된다. 그랬다면 땅심 깊은 흙이 되어 생명들을 포시럽게 묻어두었을 텐데 하면서 말이다. 마침내 농부-시인은 단단한 토층 위로 부드러운 흙을 쏟아붓고 두꺼운 솜이불처럼 덮음으로써 "부슬부슬한 흙"을 품게 되었고, "도롱뇽, 메뚜기, 방아깨비, 풀여치" 같은 흙의 식솔들도 귀환할 것임을 예감하게 된다. 이제 농부-시인은 밭을 탓하지 않고 밭을 일구고 밭과 친화하면서 밭의 리듬을 구축해 간다. 가파른 "원석原石의 시절"(「선유도」)을 횡단하여 "결핍의 공간에 욕망을 채우지 아니한 속 빈 들깨"(「들깨 농사」)처럼 스스로를 완성해 가는 것이다.

물을 것도 없이 '자연自然'은 우리를 둘러싼 가장 근원적인 공간이며 우리가 궁극적으로 돌아가야 할 신성한 거소居所이기도 하다. 서정시의 역사를 전체적으로 돌아보면 자연이나 그곳에서의 삶을 형상화하는 흐름은 강하게 이어져왔다. 어쩌면 자연을 마주한 순간들이 서정시가 씌어지는 토양이었을지도 모를 일이다. 하지만 서석철의 시는 자연 친화적 완상玩賞의 경험을 훌쩍 넘어 구체적 노동과 결실의 순간을 이어간 '수업'의 과정으로 각인된다. 앞으로도 서석철의 시는 자연과의 소통에서 가장 중요한 내질內質을 얻을 것이고, 시인은 자연 사물을 통해 스스로에 대한 산뜻한 성찰의 노래를 불러갈 것이다. 그리고 그는 텃밭에서 키워간 씨앗이나 묘목을 통해 '흙'을 가장 원초적인 삶의 무대로 끌어올리면서, 우리 현대인의 삶에서 어떤 것이 과잉되어 있고 어떤 것이 결핍되어 있는가를 반증反證해 주는 상징적 면모를 띠어갈 것이다. 자연 사물이나 현상에서 가장 구체적인 정서와 사유를 길어올리고, 자신만의 신생의 원리를 파악해 온 '시인 서석철'의 기록이 돌올하게 다가오는 순간이 아닐 수 없다.

3. 기원의 탐색을 통한 한없는 그리움의 역류逆流

한편으로 서석철의 시는 흐르는 시간에 의해 사라져 가지만 결코 없어질 수는 없는 것들을 옹호해 가는 기억의 노래이기도 하다. 자신의 몸에 새겨진 수많은 그리움의 심층을 되살려내면서 그는 자기 기원origin에 대한 역류逆流로 몸과 마음을 옮겨간다. 지나온 시간에 한없는 그리움을 부여하면서 가장 깊고 오랜 존재론적 기원을 유추해 가는 것이다. 거기서 그는 그 기억에서 인생론적 세목을 파생시키면서, 삶의 근원적 이법理法에 대한 깨달음을 노래한다. 그리고 궁극적 존재 전환의 소망을 토로하고 각인해 간다. 그것은 속악한 세상의 조건들을 넘어 어떤 신성한 것에 가닿으려는 노력이기도 할 터인데, 사라져간 것과 그리워지는 것을 결속해 가는 과정에서 그 노력은 새삼 미학적인 결실을 생성해 간다.

아버지는 지게를 지고 떠났다
평생 지고 다녔던 짐을
다 내려놓지 못하고
잠시라도 쉬어갈 때 받쳐줄
작대기조차 버리고 가면서
나에게 조그만 지게를 만들어 주고 떠났다

그때는 아버지처럼 지게를 질 수 있다는 마음에
작은 지게를 보고 좋아했지만
점점 등짐이 무거워져 뒤뚱거릴 때
이미 외로운 세상을 짊어지고 가는
어른이 되었음을 알았고
바람에 부대끼던 해거름 저녁 어느 날
주막집 모퉁이에 지게를 받쳐놓고
아버지를 원망하며 울어본 적도 있었다

조금씩 불어나던 세상의 무게에 짓눌려도
넘어지지 않고 비틀거리며 살아온 것은
일찌감치 삶의 무게를 견뎌낼 산덩이 같은 저울추를 매달고
가볍게 솟구치거나 쉽게 주저앉지도 않을
두 어깨를 만들어 주었기 때문이란 것을 뒤늦게 알았다

지게뿔에 꽁치 한 손 매달고
어스름 장고개를
흔들흔들 넘어오던 아버지의 지게
―「아버지의 지게」 전문

  이 아름다운 작품은 '아버지'라는 기원을 '지게'라는 구체적 상관물을 통해 노래한 결과이다. 아버지는 지게를 진 채 떠나셨다. "지게뿔에 꽁치 한 손 매달고/ 어스름 장고개를/ 흔들흔들 넘어오던 아버지의 지게"는 아버지와 존재론적 등가였을 것이기 때문이다. 평생 지셨던 짐을 내려놓지 못하고 '나'에게 "조그만 지게"를 만들어주고 떠나신 것이다. 아버지가 떠난 후 '나'는 아버지가 주신 지게를 반겼지만, 점점 등짐이 무거워지는 것을 느끼며 자신도 "이미 외로운 세상을 짊어지고 가는/ 어른"이 되었음을 알게 된다. 아버지가 남겨주신 지게를 받쳐놓은 채 시인은 결국 아버지가 지게만 건네주신 것이 아니라 삶의 무게를 견뎌낼 수 있는 어깨도 만들어주셨다는 깨달음에 이른다. 산덩이 같은 저울추를 매달고 가볍게 솟구치거나 쉽게 주저앉지 않게 해준 그 어깨야말로 아버지가 남겨주신 가장 멋진 유산임을 뒤늦게 안 것이다. 이 뒤늦은 깨달음의 과정이야말로 '아버지'라는 "인연이 머물다 간 심중의 길"(「길」)을 발견한 필연적 흔적이며 그 안에서 너무도 "길고 먼 여운이 흐르고"(「뻐꾸기 소리」) 있음을 시인 스스로 증언하는 순간이기도 할 것이다.

    벚꽃은
    은하수처럼
    허공에 출렁

    부푼 흰 저고리
    산길에 나른한데
    미소와 홍조는
    몇 날이던가

    봄밤에 그리움 심던
    청춘은 짧아
    심연에 펼쳐놓은
    아득한 날들

    고요히 남풍 일어
    북으로 날아가는
    철 지난 꽃잎
    시절에 묻어 놓고
    ―「고요히 남풍 일어」 전문

이 짧고 아름다운 작품 역시 삶의 근원적인 기운을 톺아 올리고 있다. '고요한 역동'으로 다가온 남풍은 시인에게 아득하게 흘러간 시간을 역류처럼 가져다준다. 공간적으로는 은하수처럼 허공에 출렁이던 벚꽃의 미소와 홍조를 복원하고, 시간적으로는 봄밤에 그리움 심던 청춘의 "심연에 펼쳐놓은/ 아득한 날들"을 찾아낸 것이다. 이렇게 고요히 몸과 마음에 인 남풍이야말로 가장 멀고 그리운 시공간을 순간적으로 탈환해주는 서정시의 영매靈媒 역할을 한 셈이다. 그 고요한 흐름에 얹혀 "북으로 날아가는/ 철 지난 꽃잎"을 묻어 놓고 시인은 또 한세월을 건너갈 힘을 얻어간다. 그 힘으로 시인은 여러 시공간에서 "전설이 묻혀있는 포구마다/ 사무치는 숨비소리"(「2월의 서귀포」)를 듣고 "언뜻언뜻 과거의 殘像이 어제처럼 느껴질 때"(「거미줄」)를 포착할 수 있었을 것이다.

사실 모든 지나간 것은 신성한 모습 그대로 구체성을 유지하면서 '시적인 것'을 이루어간다. '아버지' 같은 존재론적 기원이나 지나간 청춘 같은 시간 모두 마찬가지이다. 우리 모두는 사라져간 것들에 귀 기울이면서 지상에서의 힘겨운 삶을 견디고 치유하는 시적 경험을 하게 된다. 서석철의 시는 이러한 삶의 파문에 대해 자신만의 육성을 나지막하게 들려주고 있다. 그것은 사물의 황홀에 전율하면서도 삶의 아름다움을 노래하는 세계를 담고 있는 친화적이고 소통 지향적인 목소리일 것이다. 그리고 그러한 서정시야말로 기원의 탐색을 통한 한없는 그리움의 역류를 통해 신성한 시원始原의 세계를 탈환하는 신비로운 최량의 예술일 것이다.

4. 당당하고 아름답고 융융한 언어와 시선

두루 알다시피, 서정시는 내면을 수렴해내는 구심력과 외계를 지향하는 원심력의 균형에서 착상되고 씌어지게 마련이다. 특별히 서석철의 서정시에는 자연의 신성한 기운을 통해 여기저기 난파된 내면의 움직임을 보듬어내는 치유력이 강렬하게 깃들어 있다. 사라져가는 것들의 이미지들을 힘껏 감싸안으면서 새로운 대체 질서를 열망해 가는 리듬이 단단하게 착색되어 있는 것이다. 그리고 시인은 일상의 세목을 재현하는 신중함과 함께 그 세계 안으로 강렬한 호흡을 불어넣음으로써 기억 속에 편재하는 존재의 시원에 대한 사유와 감각을 구현해 간다. 사물의 움직임을 세세하게 관찰하면서도 존재의 시원을 지나치지 않는다는 점에서 우리는 서석철의 서정시가 우리 시단의 한 개성적 진경進境을 보여주는 세계임을 알게 된다. 경험적 세계 안에서 이루어가는 그러한 상상적 시원의 구축 과정이 다음과 같은 밝은 빛을 뿌린다.

> 겨울로 가는 길목 비켜선 곳에
> 이제 곧 칼바람 맞이할 갈대를 보고
> 운다거나 흔들린다는 말들이 있어
> 여윈 마음 위로나 받자고
> 서늘한 바람 불어 재끼는 갈대밭에
> 비틀거리며 함께 섰더니
>
> 우는 게 아니라 나만큼만 살아라 살아라
> 흔들리는 게 아니라 나처럼만 버텨라 버텨라
> 등 떠미는 바람에도 넘어질 듯 엎어지지 않고
> 매서운 바람에도 주저앉아 무릎 꿇지 않는
> 갈대처럼 살다 보면 겨울도 지나간다며
> 울며 흔들며 몸부림치며 살아보자 하네
> ―「갈대처럼」 전문

흔히 '갈대'는 수없이 흔들리면서 안착하지 못하는 마음으로 비유되어왔거니와, 여기서는 새로운 이미지를 부여받아 역동적인 '갈대처럼' 태어났다. 겨울로 가는 길목 비켜선 곳에서 시인은 '울음'과 '흔들림'의 이미지를 견지한 갈대를 만난다. 이제 곧 칼바람 맞이할 갈대를 바라보면서 스스로의 여윈 마음을 위로받으려고 갈대밭에 선 것이다. 그런데 갈대는 특유의 '울음'이나 '흔들림' 대신 "나만큼만 살아라 살아라", "나처럼만 버텨라 버텨라" 하는 것이 아닌가. 그러니 시인으로서는 바람에도 엎어지지 않고 무릎 꿇지 않는 '갈대처럼' 살아갈 것을 환청처럼 듣고 다짐했던 게 아닌가. 울며 흔들리며 몸부림치며 살아보면 겨울도 지나간다는 위안과 치유 속에서 서석철의 시가 '갈대처럼' 씌어진 것이다. 이러한 과정을 통해 "내일을 잉태하는 어둠은 생명의 시원"(「몽고반점을 찾아서」)이 되고 "긴 것 같은 인생도 바람 빠지면 空"(「파를 심으며」)처럼 여겨지는 역설의 사유가 시인에게 전면화될 수 있었을 것이다.

    돌이켜 보면 아스라한 곳에서 건너오고 건너왔다
    봉숭아 꽃잎 눈길 머물던 어린 날은
    아득히 먼 곳으로 지나가 버려
    가끔 꿈 속에서나 잠시 건너갔다 다시 돌아오곤 한다

    꿈처럼 한세상 흘러서 가고
    겨울 가고 봄 맞은 날 수없이 많지만
    어느 날 문득 여기까지 온 것처럼
    목석같이 서서 돌아보니 눈시울 붉어진다

    며칠 전 남극 기온은 영상 20도
    빙하가 급속히 녹아내려

지상의 낙원이 점점 줄어들 것이란
암울한 소식에 마음이 급하다

우왕좌왕 헛디디며 걸어온 부끄러운 흔적 너무 많아
내디딘 발걸음에 스친 영롱한 이슬 떨어진
아침의 자리로 서둘러 건너가야 한다

여전히 허물을 덮어가며 하루를 살아갈 것인가
살면서 생채기 일어난 곳 쓰다듬으려
늦었지만 지금이라도 부지런히 건너가야 한다
　—「건너가기」 전문

　이 '건너가기'는 비록 공간적 심상에서 연원한 것이지만 그 심연에는 시간적 가로지름의 순간이 담겨 있다. 시인의 생애는 "아스라한 곳에서 건너"온 세월이었다. 그 아스라함에는 "봉숭아 꽃잎 눈길 머물던 어린 날"이 담겨 있지만, 이제는 먼 곳으로 흘러가 버려 가끔 꿈에서나 건너갔다 다시 돌아올 수 있을 뿐이다. 하지만 시인은 "문득 여기까지 온 것"을 벅차게 떠올리면서 눈시울을 붉힌다. 남극까지 찾아온 이상기후에도 마음이 급해지고, "헛디디며 걸어온 부끄러운 흔적"을 넘어 "발걸음에 스친 영롱한 이슬 떨어진/ 아침의 자리"로 건너가려 한다. 생채기 일어난 곳을 쓰다듬으러 부지런히 건너가려는 것이다. 비록 "모두가 착하게 살아가자고/ 종

소리 울리던 예배당/ 이제는 그 옛날 꿈속의 정원"(「크리스마스의 추억」)이 되었을지라도 "불빛 고운 창호지 밖 깊어져 가는 겨울의 이정표 같은 눈 덮인 초막 한 채"(「초가삼간」)를 그리워하는 그의 마음이 따뜻하게 만져지는 장면이다.

이처럼 서석철 시인은 천천히 사라져가는 존재자들의 슬픔을 불가피한 존재 형식으로 노래하면서 한편으로는 지상의 모든 존재자들을 따뜻하게 감싸 안는다. 오랫동안 스쳐왔을 이야기를 시집 안에 가득 채우면서도, 오랜 기억 속에서 잊혀지고 지워진 존재자들을 복원함으로써 새로운 중심을 만들어간다. 이는 그가 지워져 가는 것들을 한결같이 옹호하는 데서 더욱 선명하게 확인된다. 이러한 원리는 정중동靜中動의 리듬을 통해 실현되는데, 고요한 시선과 언어가 그의 시편들로 하여금 단순한 반反문명적 세계가 아닌 좀 더 심층적이고 본원적인 생명에 대한 사유로 나아가게끔 하는 것이다. 갈대처럼 한세상을 건너갈 '시인 서석철'의 언어와 시선이 당당하고 아름답고 융융하기만 하다.

5. 타자를 발견하는 구체적 장소성

나아가 서석철 시인은 옹색한 현실을 자유롭게 떠났

다가 오랜 시간을 통과한 후 다시 자신으로 귀환하는 선순환 형식을 자신의 예술적 원형으로 이루어간다. 이번 시집에서 시인은 천천히 사라져가는 시간을 더욱 깊어진 시선으로 들여다봄으로써, 이러한 자신의 원리를 견고하게 이어가고 있다. 물론 이러한 지속성과 심화의 과정은 특정한 기획에 의한 것이 아니라 시간의 결을 따라, 마음의 움직임을 따라, 자연스럽게 그의 시를 오랫동안 감싸온 어떤 것일 터이다. 느릿하게 머물렀다 사라지는 시간을 경험하면서 시인은 내면의 필연적 파동에 따라 시를 써가되 그 결실이 결국 사물과 내면이 이루어가는 접면interface임을 아름답게 증언해 간다. 그렇게 시인은 일견 자신에게 충실하면서도 타자를 향해 번져가는 시선을 오랜 기억으로부터 장착해 간다. 그 타자를 향한 원심력이 도달한 곳이 일종의 장소성場所性에 관한 시편들이었던 셈이다. 다음 시편이 그 사례들이다.

    버들 그늘 외나무다리 지나
    봄햇살 등에 얹어
    뒷짐 지고 마실 가듯
    흐르는 냇물이 선달 걸음이다
    오래전 함께 따라 내려오던
    밑동만 남은 오래된 도자기 그릇
    물살을 버티며 연화좌대처럼 모래톱에 박혀있다

거슬러 올라가면
들밥 내오던 조선 처녀가
돌부리에 넘어진 밭두렁 길 어딘가부터
여기까지 수백 년일까
천변 어느 고을 양반댁 부엌에서
쌀밥 담았던 족보가 세월에 실려 온 지 수백 년일까

보리밥 담고 쌀밥 담아
대를 잇게 하던 몸뚱이는
옛사람의 지문을 간직한 채
어느 골목 사금파리로 남겨두고
주춧돌 같은 굽다리 하나
수만 년 전설들이 퇴적된
내성천 무섬마을 앞 황금 모래밭에 머물고 있다
― 「내성천 사금파리」 전문

시인은 내성천 흐르는 무섬마을에서 "수만 년 전설들이 퇴적된/ 황금 모래밭"을 바라보고 있다. 냇물 흐르는 버들 그늘 외나무다리를 지나 "오래전 함께 따라 내려오던/ 밑동만 남은 오래된 도자기 그릇"을 만날 수 있는 곳이다. 그 흐름을 거슬러 올라가면 아마도 "들밥 내오던 조선 처녀"나 "천변 어느 고을 양반댁 부엌에서/ 쌀밥 담았던" 시절이 나타날지도 모를 일이다. 옛사람의 지문을 간직한 채 "어느 골목 사금파리로 남겨두고/ 주춧돌 같은 굽다리 하나" 머물던 곳에서 시인은 '사금파리'라는 상관물을 통해 "화선지 밖에 상이 맺힌 그곳"(「소실점消失點」)을 바라보기도 하고 "붉은 노을을 묻혀/ 가슴에 찍는"(「습지」) 세월의 흐름을 바라보기도 한다. 이러한 '그곳'을 향한 시인의 시선과 언어는 오래전에 이곳에서 살아갔을 이들에 대한 아득한 원심적 심상을 담고 있다 할 것이다.

여수 앞바다
작은 섬 징검다리 삼아
서너 마장 딛고 나가면
떨어진 꽃잎처럼 엄마 손 놓친 섬 하나
찰박찰박 발등을 씻으며 앉아있다
지척엔 뿌리가 같았을 개도와 낭도
이제 되짚어갈 수 없음을 알았는지
봄 여름 꽃피우며 해풍에 독야청청
화등을 밝히며 떠내려간다
임진년 피난길에 등잔불 같은 목숨
이곳 꽃 무더기 속으로 몸을 숨겨
함께 꽃이 되어 살았다 하니
나라를 구한 장수가 꽃섬이라 불렀단다
무릎만큼 자란 유월의 풀잎들이
마파람 부는 벼랑 위에 잔물결처럼 일렁이는

남쪽 바다를 좌향坐向으로 삼은 풀무덤 있는 자리
꽃섬을 끌고 가는 선장실이다
―「화도花島」 전문

이번에는 여수 앞바다 "떨어진 꽃잎처럼 엄마 손 놓친 섬 하나"이다. 이름을 '화도'라고 했거니와 우리말로 바꾸면 '꽃섬'이다. 그 근처에는 뿌리가 같았을 섬들이 "봄 여름 꽃피우며 해풍에 독야청청/ 화등을 밝히며" 떠내려가고 있다. 임진년 피난길에 이곳으로 몸을 숨겨 함께 꽃이 되어 살았다는 배경 스토리를 품고 이 섬은 그때 비로소 '꽃섬'이 되었다. "마파람 부는 벼랑"에서 풀잎들이 "잔물결처럼 일렁이는/ 남쪽 바다"를 좌향으로 한 풀무덤 자리가 바로 그 섬을 끌고 가는 '선장실'이라고 시인은 명명하고 있다. 그러니 시인의 이러한 단단한 시간 인식에 의해 "단봇짐 풀고 세상을 다시 보려는 능절凌絶의 시간"(「제주올레」)도 복원될 수 있었을 것이다.

이처럼 서석철 시인의 시선과 언어는 먼 옛적 타자들을 특유의 원심력으로 불러온다. 귀한 장소성으로 하여 그들의 생애는 구체성으로 복원되며, 시인은 자신의 남다른 자기 확인 과정을 그 안에서 치르고 있다. 그 세계는 심미적 언어로 가닿는 사랑의 마음으로 채워져 있는데, 그 심층에는 시인과 사물 사이의 동일성으로 귀착해 가는 에너지가 한결같이 돋아나고 있다. 그러한 원리를 발견해 가는 근원적 힘은 시인 특유의 기억의 깊이에서 나오는 것이다. 우리는 그 과정에서 시인이 사물을 새롭게 발견하고 그것을 다시 자신의 삶으로 결합하는 과정을 일관되게 발견하게 된다. 이처럼 서석철 시인은 자신만의 시선으로 타자를 발견하면서 우리 눈에 포착되지 않는 주변적 존재자들을 새롭게 호명해간다. 이러한 웅숭깊은 시선을 수원水源으로 하여 발화한 그의 시편들은 그 스스로에게는 새로운 화법을 부여하고 우리에게는 더없이 아름다운 타자들의 삶을 만나게 해준 것이다.

6. 존재 자체에 가닿으려는 상상적 기록

말할 것도 없이 서정시는 시인 자신의 개인적 발화를 전제로 이루어지는 언어예술이다. 하지만 시적 발화가 단순한 독백으로 현상하는 것만은 아니다. 오히려 서정시는 구체적 청자를 전제로 하여 일종의 대화적 소통을 욕망하는 속성을 가지곤 한다. 일찍이 하이데거M. Heidegger는 본질적 언어란 존재의 진리를 나타내는 언어이며 그것은 대화 형식을 통해 가능하다고 했는데, 서정시야말로 그러한 대화적 과정을 통해 존재 자체에 가닿으려는 상상적 기록이기를 멈추지 않는 예술일 것이다.

서석철 시인의 시는 언어의 회귀적이고 대화적인 기능을 존재의 말건넴과 소통 과정에 둠으로써 서정시가 대화적 소통을 통해 자기 성찰의 태도를 견지하는 과정을 선명하게 함축한다. 시인이 자신이나 사물에 대해 취하는 자세를 우리는 이러한 서정시의 전형적 태도에서 찾을 수 있을 것이다. 이처럼 우리에게 귀한 서정시의 영역을 들려준 시집 『은하수 강가에 앉아』는, 그 점에서 시인의 심화된 자의식과 확장된 타자 의식을 동시에 보여주었다고 할 수 있을 것이다. 이제 우리는, 이렇듯 새로운 삶의 질서를 가능케 해준 근원적 마음의 힘을 설계한 시인의 다음 세계가 더욱 깊고 넓은 지경地境으로 나아가기를 바라면서, 시인이 지치지 않는 힘으로 이러한 균질성과 지속성을 이어가기를 마음 깊이 소망하게 된다. 그래서 다음 시집에서도 감각의 구체를 통해 가닿는 서정을 통해, 존재 자체에 가닿으려는 상상적 기록을 통해, 자신만의 사유를 풍부하고 아름답게 보여주기를 희원해 보는 것이다.